Hermann Ritter

Die Geschichte der Viola Alta und die Grundsätze ihres Baues

Hermann Ritter

Die Geschichte der Viola Alta und die Grundsätze ihres Baues

ISBN/EAN: 9783743494824

Hergestellt in Europa, USA, Kanada, Australien, Japan

Cover: Foto ©ninafisch / pixelio.de

Weitere Bücher finden Sie auf **www.hansebooks.com**

Die Geschichte der VIOLA ALTA und die Grundsätze ihres Baues.

Von

Hermann Ritter,

Grossh. Mecklenb.-Schwerinscher Kammervirtuos in Heidelberg.

Zweite, vermehrte und verbesserte Auflage.

Mit 5 in den Text gedruckten und 2 Tafeln Abbildungen.

Leipzig

Verlagsbuchhandlung von J. J. Weber

1877

Vorwort zur zweiten Auflage.

Im Anfange des Jahres 1876 trat der Verfasser mit seiner Regeneration der Altgeige auf. Das neugeborne Instrument erhielt seinen Geleitsbrief für die Oeffentlichkeit in Form einer Broschüre, die bei G. Weiss (Heidelberg) bald nach Auftauchen des Instrumentes erschien.

Das schnelle Vergriffensein der ersten Auflage dieser Schrift ist wohl als ein genügendes Zeugniss regen Interesses für die Idee der Regeneration oder Neugeburt unseres im Bau wie in der Musikpflege vernachlässigten Streichinstrumentes der „Altgeige oder Viola alta" anzusehen und kommt daher der Verfasser der Aufforderung der Verlagsbuchhandlung J. J. Weber in Leipzig, eine zweite Auflage der erwähnten Schrift zu veranstalten, mit der vorliegenden Bearbeitung nach.

Vermehrt wurde die Schrift durch einige Ergänzungen, sowie durch die als Anhang beigefügten Geometrischen Regeln für den Geigenbau von Antonio Bagatella (Padua 1786).

Pawlowsky bei St. Petersburg, im September 1877.

Hermann Ritter.

Inhaltsübersicht.

Erstes Kapitel.
Der Name Viola 3   *Seite*

Zweites Kapitel.
Zeugnisse über die Existenz der Bogeninstrumente vom 9. bis zum 16. Jahrhundert 15

Drittes Kapitel.
Entwickelung der Bogeninstrumente und speciell der Viola alta bis auf unsere Zeit 23

Viertes Kapitel.
Ueber die Unzulänglichkeit der bisherigen Viola alta 34

Fünftes Kapitel.
Leitende Principien zur Herstellung der richtigen und wahren Viola alta 43

Anhang.
Geometrische Regeln über den Geigenbau von Antonio Bagatella . . 50

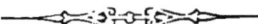

DIE VIOLA ALTA.

—.

Ritter, Viola alta.

I.

Der Name Viola.

Es giebt Ungenauigkeiten und Inconsequenzen, die unwesentlich sind, d. h. die das Wesen der Sache, in welcher sie vorkommen, nicht beeinträchtigen. Solche Ungenauigkeiten sind z. B. die hier folgenden:

Das Zeichen, welches anzeigt, dass ein Ton um eine halbe Tonstufe erhöht werden soll, ist ♯ (also sichtlich ein Doppelkreuz). Täglich kann man aber von Fachleuten dieses Zeichen „einfaches Kreuz" nennen hören und es auch als solches in manchen theoretischen Werken über Musik bezeichnet lesen. Das Zeichen hingegen, welches anzeigt, dass ein Ton um zwei halbe Tonstufen soll erhöht werden, ist ein ╳ (also sichtlich ein einfaches Kreuz). Man liest dasselbe aber stets als „Doppelkreuz" und hört es als solches benennen.

Eine bekannte Regel sagt: Ein b vor einer Note erniedrigt dieselbe um eine halbe Tonstufe; man hängt der Note, wenn ihr Name ein Consonant ist, die Sylbe es, hingegen wenn ihr Name ein Vocal ist, den Buchstaben s an. Warum findet diese Regel nicht auch Anwendung auf die Note h? Warum heisst dieselbe um eine halbe Tonstufe erniedrigt nicht hes?

Eine fernere Ungenauigkeit, die, wenn sie befolgt würde, wohl zu Entstellungen Anlass geben könnte, ist die Verwechslung von Doppeltriolen und Sextolen. Die Verwechslung dieser beiden

Notengruppen ist jedoch weder die Schuld der theoretischen Werke noch der Musiklehrer, sondern dieser orthographische Fehler geschieht meistens unachtsamer Weise durch die Componisten. Wie oft sieht man angezeigt: ♪♪♪♪♪♪ wo es ♪♪♪♪♪♪ bezeichnet sein müsste. Komisch in dieser Sache ist, dass in den meisten Fällen die so ♪♪♪♪♪♪ bezeichnete Notengruppe doch so ♪♪♪♪♪♪ rhythmisirt wird, da das Gefühl das Widerstrebende des Zweitheiligen mit dem Dreitheiligen zu gleicher Zeit für gewöhnlich nicht zulässt. In den seltensten Fällen will der Componist dreitheiligen Rhythmus mit zweitheiligem zu gleicher Zeit haben.

Wenn dieserlei Ungenauigkeiten, die sich bis jetzt ungestört fortgeerbt haben, auch keine grosse Begriffsverwirrung und Verunstaltung in der Sache selbst angerichtet haben, so sind dieselben doch nichts weniger als statthaft.

Es giebt aber noch eine zweite Art von Ungenauigkeiten und Inconsequenzen; nämlich solche, die wesentlich sind, d. h. die in dem Wesen der Sache liegen und so die Sache selbst beeinträchtigen und entstellen. Ungenauigkeiten und Inconsequenzen solcher Art an der bisherigen Altgeige oder Viola alta (Bratsche) nachzuweisen und dieselben zu berichtigen, sei Aufgabe dieser Schrift; ihr praktischer Endzweck sei die Herstellung der wirklichen Viola alta und diesem so neugeborenen Instrumente seine ihm zukommende Stellung anzuweisen.

Viola, der Name unseres Instrumentes, war der Allgemein- und Geschlechtsname für eine Anzahl ausser Gebrauch gekommener Bogeninstrumente des 16. und 17. Jahrhunderts. Die Namen viola da gamba, viola d'amore, viola di bordone, viola da spala, viola pomposa, viola bastarda, viola da brazzo geben uns Zeugniss von der Verbreitung des Instrumentes, wobei auch mit dem Worte „Geige"[1]) und „Violuntze"[2]) abgewechselt werden durfte.

In A. v. Dommer's Musikgeschichte (Leipzig 1868) lesen wir über die Violen des 17. Jahrhunderts Folgendes: „Nach der Grösse und Art zerfallen die Bogeninstrumente in zwei Gattungen, Viole da gamba und Viole da braccio.

1. Die Viola da gamba, Kniegeige, hat sechs Arten, drei für Bass und je eine für Tenor, Alt und Discant, alle mit Bünden auf dem Griffbrette. Die grössten Bass-Violen hatten Contra-E und -D als tiefste, die Discant-Viola (Violetta picciola, Cant Viol da gamba) hatte a_1 als höchste Saite. Die gebräuchlichste war die Tenorviola da gamba, von welcher unser Violoncello abstammt, mit fünf, sechs, auch sieben Saiten $A_1 D G c e a d_1$; die A_1-Saite hatte sie durch den Kammermusicus und Gambisten Marin Marais zu Paris (1656—1781) erhalten (s. Marpurg,

---

[1]) Siehe Fr. Diez, Rom. Wrtb. Th. I. 212.: Ital., altsp., provenç. giga, altfranz. gigue ein Saiteninstrument; neuspan. giga, neufranz. gigue ein Tanz mit Musikbegleitung; vom mhd. gîge, nhd. geige, dies vom starken Verbum gîgen. Nach Grimm's Grammatik II. 47 noch erweislich. Altnordisch geiga (tremere), geigr (tremor), jenes also vom Schwingen der Saiten? (Grimm, Grammatik II. 47) mhd. (erst 1200) die gîge. Im ahd. sagte man die fidulâ, fiedel. (Weigand, Wrtb. I. 405.)

[2]) Siehe Michael Praetorius: Syntagma musicum. 1619. Bd. II.

Beiträge II. 237). Durch einen ungemein feinen und edlen, wenn auch etwas näselnden Klang ausgezeichnet, war sie in der zweiten Hälfte des vorigen Jahrhunderts noch im Gebrauch.

2. Viole da braccio [1]), Armgeigen, hatte man in sieben Grössen: a) Violen in drei Arten, Gross-Quint-Bass-, Bass- und Tenor-Viol di braccio (bei den 24 Violons Ludwig's XIV. Quint, Taille und Hautcontre). Die Tenor-Viola entspricht unserer heutigen Viola oder Bratsche an Grösse und Stimmung. An die Violen schlossen sich b) die Violinen in vier Arten, von denen die grösste (Discant-Viol, Violetta picciola, Rebechino, Violino) unsere gegenwärtig gebräuchliche Violine ist. Die beiden kleinsten Arten (kleine Posche, Pochetto) hatten nur drei Saiten, in $a_1 e_2 h_2$ und $g^1 d_2 a_2$. Bei den zünftigen Musikanten hiessen die Viole da gamba einfach Violen, die Viole da braccio und Violinen aber Geigen oder polnische Geigen. —

---

[1]) Mattheson berichtet in seinem „Neu eröffneten Orchester" 1713, S. 283: „Die füllende Viola, Violetta, Viola da Braccio oder Brazzo ist von grösserer Structur und Proportion als die Violine, sonst aber eben der Natur und wird nur eine Quinte tiefer gestimmt. Sie dient zu Mittelpartieen aller Hand Art als: Viola prima (wie bey den Stimmen der hohe oder rechte Alt), Viola secunda (wie der Tenor) u. s. w. und ist eines der nothwendigsten Stücke in einem harmonieusen Concerte; denn wo die Mittelstimmen fehlen, da wird die Harmonie abgehen und wo sie übel besetzt sind, da wird alles übrige dissoniren. Es spielet auch wohl ein Virtuose bisweilen ein Bracciosolo und werden vielmahl gantze Arien von Violette all' Unisono gesetzet, welche dann wegen der Tieffe des Accompagnements recht fremd und artig klingen".

Ein seines zarten Silberklanges wegen sehr beliebtes Instrument war die Viola d'amore oder Liebesgeige mit Drahtsaiten unter dem Stege, welche durch ihren Mitklang den Klang der auf dem Stege liegenden und mit dem Bogen gespielten Darmsaiten angenehm färbten. Meist hatte sie sechs aber auch fünf und sieben Darm-, aber ebenso viele Metallsaiten [1]). In der ersten Hälfte des vorigen Jahrhunderts kamen noch verschiedene Arten von Arm-Violen auf (Viola da spala [2]); Viola pomposa, letztere von J. S. Bach erfunden), erlangten aber auch nur vorübergehende Bedeutung.

Zur Gattung der Viola da gamba gehörte noch die Viola bastarda, Bastardgeige, der Tenor-Viol da gamba ähnlich gestimmt, aber mit etwas grösserem Corpus. „Weiss nicht, ob sie daher den Namen bekommen, dass es gleichsam ein Bastard sey von allen Stimmen; Sintemal es an keine Stimme allein gebunden, sondern

---

[1]) Die Anwendung mitklingender Saiten scheint zu Prätorius' Zeit in England erfunden zu sein, er sagt 1618 (Syntagma II. 47): „Jetzo ist in England noch etwas Sonderbares darzu erfunden", und beschreibt dann die Construction mit der Bemerkung, dass „die Lieblichkeit der Harmonie hierdurch gleichsam erweitert und vermehrt werde".

[2]) Bei Mattheson in seinem „Neu eröffneten Orchester" 1713 Seite 285. Viola di spala, die Bassa Viola und der hervorragende Violoncello sind kleine Bassgeigen im Gegensatz zur grossen Bassgeige, über die Mattheson im genannten Werke ebenfalls berichtet Seite 285: Der brummende Violone: Gall: Basse de Violon. Teutsch: Grosse Bassgeige. Mattheson sagt von ihr unter Anderem: „Es mag wohl Pferde-Arbeit seyn, wenn einer diess Ungeheuer drei biss vier Stunden unablässlich handhaben soll".

ein guter Meister die Madrigalien, und was er sonst uff diesem Instrument musiciren will, vor sich nimpt, und die Fugen und Harmony mit allem Fleiss durch alle Stimmen durch und durch, bald oben aussm Cant, bald unten aussm Bass, bald in der Mitten ausm Tenor und Alt herausser suchet, mit saltibus und diminutionibus zieret und also tractiret, dass man ziemlicher Massen fast alle Stimmen eigentlich in ihren Fugen und cadentien daraus vernehmen kann [1]." Ebenfalls für mehrstimmiges Spiel war die der Bassgambe ähnliche Lira da gamba (Lirone perfetto, Arce-viole telire, Arce violyra), ein grosses Bassinstrument mit 12—14 Saiten auf und zwei neben dem Griffbrette; eine kleinere Art derselben, die Lira da braccio, kam ziemlich mit der Tenorviola überein, hatte aber über fünf Saiten über dem Griffbrette und noch zwei daneben, die aber nur leer gebraucht, nicht gegriffen werden konnten. Die Lira barberina (das Amphichordum), ebenfalls ein vielsaitiges Bass-Bogeninstrument, war eine Erfindung des Giov. Battista Doni (1593—1647); und noch zu Haydn's Zeit beliebt war die Viola di Bordone (Baryton), welche neben ihren 5—7 Darmsaiten für den Bogen noch eine grosse Anzahl (bis 24) Metallsaiten unter dem Halse hatte, die man zugleich mit dem Daumen pizzicato spielte".

Das Wort „Viola" bildet auch noch heute das Stammwort der Namen unserer gebräuchlichen Streichinstrumente; Viola ist gleichsam der Geschlechts- und

---

[1] Practorius, Syntagma II. 47.

Familienname der einzelnen Glieder dieser Instrumentengruppe. Die Namen Violino, Violoncello und Violono haben ihre Ableitung von dem Worte viola erfahren, indem violino das Diminutivum von viola, violono das Augmentativum von viola und violoncello wiederum das Diminutivum von violono ist.

Unterrichten wir uns jetzt über die Herkunft des Namens viola. Herr Welcker von Gontershausen lässt es in seinem Buche über den „Bau der Saiteninstrumente und deren Akustik" (Frankfurt a./M., 1870) Seite 97 dahingestellt sein, ob der Name viola abzuleiten sei von dem griechischen φιάλη, weil die Körper der ältesten Geigen Aehnlichkeit mit einer Schale hatten [1]). Im Altgriechischen hat jedoch φιάλη nie die Bedeutung irgend eines Musikinstrumentes noch eines Theiles eines solchen gehabt, sondern es war einfach eine Schale.

Das lat. phiäla war, wie aus Plinius u. A. zu entnehmen ist, ein Trinkgeschirr mit flachem Boden. Bei den mittellateinischen Schriftstellern finden wir phiala in der Bedeutung einer Quelle in Palästina, aus der der Jordan fliesst [2]), ferner in der Bedeutung

---

[1]) Vielleicht ist hierbei an die Sage gedacht worden, die sich an den Hermes knüpft; sie schreibt diesem Gotte nämlich die Herstellung der Lyra zu, indem Hermes über den concaven Theil einer Schildkrötenschale Saiten spannte.

[2]) Ducange, Glossar. mediae et infimae latinitatis. Phiala, Fons aquarum receptaculum: Graecis recentioribus, φιάλη. Adamnamus lib. 2 de Locris S. S. cap. 19: Est ergo illius fontis nomen, qui est in Trachonitide, Fiala, plena aquarum semper, unde Jordanis mediterraneis meatibus derivatur. Vide quae de Phialis adnotamus in Descriptione aedis Sophianae.

einer Schale¹) und eines heiligen Geräthes²). Ein einziges Mal wird fiala als Name eines Musikinstrumentes gebraucht, jedoch wie Ducange anmerkt irrthümlich³). Dann wiederum tritt fiala als Name eines Weingefässes auf⁴) und endlich bedeutet fiola das Tüchlein, welches über dem Kelche in der Messe ausgebreitet wird⁵). Ducange meint, dass es filiola heissen müsse, da dieses Wort für Tüchlein in dieser Bedeutung feststehe. Ducange sieht fiala in dieser

¹) Ducange, l. c. Phiala cum candela. Anastasius in S. Scloestro P. P. pag. 14. In medio fontis columna porphyretica, quae portat Phialam auream, ubi candela est auro purissimo pens. lib. 50. ubi ardent in diebus Paschae Balsami libri 200 etc.

²) Ducange, l. c. Phyala. Francisca, inter ministeria sacra recensetur in donatione S. Rudesindi Episc. pro Monast. S. Salvatoris de Cella nova tom. 3. Concil. Hispan. pag. 181: Concedimus etiam Phyalas argenteas Franciscas II. soparia exaurata, lopas exauratas cum coopertoriis II.

³) Ducange, l. c. Fiala, perperam pro Fiola, Instrumentum musicum. Caesarius lib. 6. Miracul. cap. 7. apud Macrum in Hierolex: Cum vice quodam jocularem introduxisset, et ille dulcedine Fialae dormientem.

⁴) Ducange, l. c. Fiala, Phiala vas vinarium. Correct. stat. Cadubr. cap. 75. Jubemus quod nullus hospes sive tabernarius.... audeat .... in ejus taberna sive hospitio tenere Fiolas, quae non sint justae mensurae .... Jurati ad hoc teneantur conficere unam bonam mensuram et justam, et cum justificare, vel facere justificari omnes Fiolas et alias mensuras dictorum hospitum et tabernariorum.

⁵) Ducange, l. c. Fiala. Mozarabibus, nobis operimentum lineum sacri calices ad Missam, ut docent docti Hagiographi ad Offic. Mozarab. tom, 5. Jun. Act. S. S. pag. 219. col. 1: Ponit calicem super aram et accipit Fialam sine sanctificatione, et ponit super calicem dicendo, etc. Sed legendum esse Filiolam jam dictum est in voce Filiola.

Bedeutung für eine Corrumpirung des Textes an. Es sind hiernach keine Gründe vorhanden, den Ursprung der Viola selbst und des Wortes in φιάλη und den von diesem abgeleiteten phiala und fiala zu suchen.

Eines Anderen werden wir sofort belehrt, wenn wir in dem provençalischen Worte viula den Namen eines Bogeninstrumentes kennen lernen und erfahren, dass alle mit v anlautenden provençalischen Wörter vorzugsweise lateinischen Ursprungs sind. (Siehe Fr. Diez, Rom. Wrtb.) „Der mittellateinische Ausdruck für viula ist vitula und dieses kann nur abgezogen sein aus dem lateinischen vitulari (springen wie ein Kalb, sich lustig gebärden)". Fr. Dietz fährt fort: „Die Violine aber war die üblichste Begleiterin von Lustbarkeiten. Ein Dichter bei Ducange nennt sie vitula jocosa [1]). Springen, tanzen, musiciren sind ineinandergehende Begriffe und dass vitulari ein Substantiv vitula mit dem concreten Begriffe eines Instrumentes lieferte, ist den Sprachgesetzen gemäss. Aus vitula aber ward durch Umstellung prov. viutla und endlich viula, viola. Hieraus ist ital. vióla geworden, das nicht unmittelbar aus vitula entstehen konnte; span. vihuela; franz. viole; altfranz. vielle vom lat. vitella; mhd. vigele". Ducange [2]), Wacker-

---

[1]) Ducange, l. c. Galfridus de Vino Salvo, qui floruit sub Ricardo I. Rege Angliae, in Poëtria M. S. seu de Coloribus Rhetoricis:
  Cymbala praeclara, concors symphonia, dulcis
  Fistula, somnifera cytharae, vitulaeque jocosae.

[2]) Dugance, l. c. Vitula, vidula, viella. Instrumentum musicum, nostris Vielle et Violon dictum. Ugutitio et Joan de Janna: Vitula, quoddam instrumentum musicum, unde vitulari, cum vitula cantare.

nagel, Schade und Weigand theilen die Ansicht, dass viola seinen Ursprung in dem lat. vitulari hat. Wackernagel [1]) und Schade [2]) wollen sogar noch das ahd., in Otfried's Evangelienharmonie vorkommende Wort fidula [3]), mhd. fiedel aus derselben Quelle herleiten, aus der das Wort Viola stammt.

Die von Einigen vertretene Ansicht, der Name fidula scheine vom lat. fides hergeleitet, sei hier blos erwähnt. Zum Beschluss dieses Kapitels mögen noch weitere Belege für die Existenz der verschiedenen Namen des in Rede stehenden Bogeninstrumentes folgen, wie sie Ducange in seinem Glossarium nach Quellen aufgezeichnet hat.

Vidula, Eadem notione, apud Constantinum Africanum lib. I. de Morbor. curat. cap. 16:
Ante infirmum dulcis sonitus fiat de musicorum generibus, sicut campanula, Vidula, rota, et similibus.
Occurrit praeterea in lib. M. S. Miraculorum Rupis amator. part. I. cap. 34.

Viella, Ejusdem notionis. Egidius Parisiensis, M. S. lib. I. Karolini:

---

[1]) Wackernagel, Altdeutsches Wörterbuch 341. Videle, vigele, ahd. fidula, mittellat. vitula, vidula, mittelfranz. viele von vitulari lustig sein.

[2]) Schade, Althochdeutsches Wörterbuch 192. Fidulâ ahd.; mhd. videle aus mittellat. vitula, vidula, woraus auch provenç. viula, viola (für viutla) vom lat. vitulari (springen wie ein Kalb, sich lustig gebärden).

[3]) sih thas ouh al ruarit, thaz organa fuarit lira, ioh fidulâ, ioh managfaltu suegula.

..... Et decantanta per orbem
Gesta solent melicis aures mulcere Viellis.
Nicolaus de Bracia in Ludovico VIII:
Occurrunt mimi dulci resonante Viella,
Instrumenta sonant, non sistrum defuit illic, etc.
(Odo in Carm. de Varia Ernesti Ducis Bavariae fortuna, apud Marten. tom. 3. Anecd. col. 315.
..... Sistris respondent cymbala dulces
Organa concordant voces, lyricisque Viellae
Contendunt odis, etc.)

Viela, in Stat. Ordin. Praemonstrat. dist. 4. cap. 10. Le Roman de Girard de Vienne M. S.:
Par le Palais vout grant joie menant,
Li uns Viole, li uns conte Romans.
Le Roman de Philippe de Macedoine M. S.:
D'arpe, de Vielle aprist.
Le Roman du Renard M. S.:
Harpes i sonnent et Vielles,
Qui font les melodies belles.
Colinus Musetus. M. S.:
J'alai a li praelet,
O tot la Vielle et l'archet,
Si li ai chanté le muset.
Menetriérs de Vielle, in Chronico flandriae. cap. 9.

Viola. Vox ejusdem originis et notionis, instrumentum musicum, quod vulgo nostri Viole dicunt. Sanutus lib. 2. part. 4. cap. 21:
Alia genera dulcia musicorum, ut sunt Violae, cytharae et roctae.
(Statuta in crimin. Soanae. cap. 26. fol. 53:

Pulsando cum lira, Viola, leuto, seu alio quovis instrumento, etc.)

Gervas. Tilber. in Otiis imper 111. Decis. 92. ubi de Giraldo de Cabronis:

Violam trahebat, dominae choream ducebant et equus ejus incomparabilibus circumflexionibus saltabat.

Violer. Pro lyram pulsare in Consolat. M. S. lib. 3 ubi de Orpheo:

    Et si doucement Viola
    Quil fist au doulz son de sa corde
    Encliner à misericorde
    Celles qui tormentent les armes .....
    Orpheus prist si doucement
    A demener son instrument
    Que pour son très douz Violer,
    La roë cessa reoler.

Fiola pro Viola. Sueno in Histor. Danica cap. 3: Quos ingenti tripendio coetus conictatur histrionum in Fiolis citharis, et tympanis modulantes.

Viellator. Qui ejus modi instrumentum pulsat, Gall. Vielleur, Vita S. Amalbergae tom. 3. Julii. pag. 105: Organistae, buccinistae, tympanistae, Viellatores et citharistae etc.

Vieloor, apud Lobinellum in Gloss. ad calcem tom. 2. Hist. Britann.

II.
Zeugnisse über die Existenz der Bogeninstrumente vom 9. bis 16. Jahrhundert.

Nachdem wir im Vorhergehenden den Namen „Viola" erklärt haben, wollen wir die Entwickelung unserer heute gebräuchlichen Streichinstrumente besprechen und in der Darlegung derselben die Beweisführung für die These liefern:
Unsere Viola alta verhält sich zu den übrigen Streichinstrumenten Violine, Violoncello und Violono, wie die menschliche Altstimme zu den übrigen menschlichen Stimmen Sopran, Tenor und Bass. Die Viola alta repräsentirt somit den Alt bei den Streichinstrumenten.

Zweifellos ist das rebâb der Araber (rababe oder rebabeh), das altfr. Rebek die Mutter unserer heutigen Bogeninstrumente [1]). Wir wissen, dass jenes Bogen-

---

[1]) Für die Existenz des Rebabs oder der rebabeh oder rababe noch heute im Orient geben uns folgende Stellen Beweise:

a) Vortrag des Prof. Lauth über „altägyptische Musik" gehalten in München 5. Juli 1873. Seite 571: „Die Production eines Virtuosen auf der zweisaitigen Rebabeh zu Luxor im Hause des Consularagenten Todros begleitet von einer Pfeife und mehreren Darabuken, zum Tanze von neun Almeen" u. s. f.

instrument ins Abendland importirt wurde, als sich ein friedlicher Verkehr der Völker des Abendlandes (der Spanier, Italiener und der Völker des Frankenreiches) mit den Arabern entwickelte, nachdem Letztere sich unter Tarik 711 in Spanien festgesetzt hatten, beim Weitervordringen nach Westen aber durch Karl Martell 732 abgewiesen waren [1]).

Quellen für die Beobachtung der Weiterentwickelung dieses Bogeninstrumentes bestehen bis zum Anfange des 16. Jahrhunderts besonders in einigen erhaltenen Ueberresten der bildenden und zeichnenden Künste, sowie in einigen Schriftstellen [2]).

---

b) Stelle aus dem Aufsatze von Ludw. Stern: „Das Lied des Harfners" in der Zeitschrift für ägyptische Sprache etc. 1873. Der Verfasser spricht von dem Todten-Cultus der alten Aegypter und erwähnt, dass es dem Sohne oblag, nicht nur das Grab des Vaters in einer Weise' zu vollenden, wie es ihm selber zur Ehre gereichen könnte, sondern auch sein Andenken durch Todtenfeste — vielleicht am Todestage — zu feiern". Weiter fährt der Verfasser fort: „Ganz ähnlich ist eine Sitte der heutigen islamitischen Bewohner Aegyptens: Sie besuchen alle Feiertage vor Sonnenaufgang den Friedhof, sprechen eine Sure auf dem Grabe eines Anverwandten und vertheilen Datteln, Brote und dergleichen an die Armen; auch wird die Rebabe und Darabuke mitunter bei dieser Gelegenheit gespielt" u. s. f.

[1]) Dass der orientalische Name (rebâb) für dieses sich bald mehr und mehr verbreitende Bogeninstrument nach und nach verdrängt wurde durch einen Namen, der den einheimischen (romanischen) Begriffen mehr entsprach (vitula, viutla, viula etc.), ist erklärlich.

[2]) Viele der hier angeführten Quellen der bildenden Künste zum Nachweis der Existenz eines Bogeninstrumentes finden sich

Die älteste Abbildung eines Rebeks wurde von Abt Gerbert einem Manuscripte des 9. Jahrhunderts entnommen. Das Instrument hat nur eine Saite; die halbmondförmigen Schalllöcher, die auf orientalischen Ursprung hindeuten, sind in die Tafel eingeschnitten und die Saite liegt auf dem Stege auf (Fig. 1).

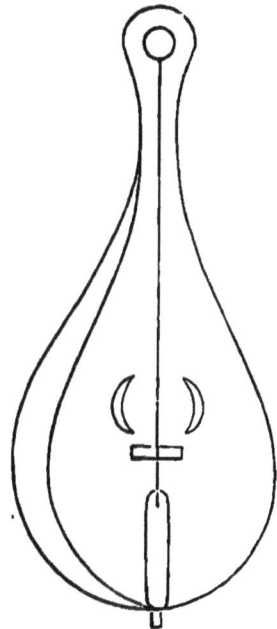

Fig. 1. Aeltestes Rebek.   Fig. 2. Ausgebildeteres Rebek.

Ein schon weiter ausgebildetes Rebek des 12. und 13. Jahrhunderts giebt Fétis in seinem erwähnten Werke (s. Fig. 2).

vor in den Werken von Hyacinth Abele: „Die Violine, ihre Geschichte und ihr Bau". Neuburg a./D., 1874 (Seite 9—12) und von F. J. Fétis: „Antoine Stradivari Luthier célèbre connu sous le nom de Stradivarius précédé de Recherches historiques et critiques sur l'origine et les transformations des Instruments à archet" etc. Paris, Vuillaume 1856.

Ritter, Viola alta.

Der Mönch Notker zu St. Gallen giebt in seinem Psalmenbuche (10. Jahrhundert) eine Abbildung des Rebek mit Bogen. Reliefs aus dem 11. Jahrhundert, auf welchen ein Musiker mit einem Bogeninstrumente dargestellt ist, befinden sich in der Kirche des heil. Michael in Pavia. Im Capitale der Kirche St. Georges in Bocherville aus dem 11. Jahrhundert findet sich eine Reihe von 11 musicirenden Figuren ausgehauen; hier sehen wir eine dreisaitige Geige mit Ausschnitten zu beiden Seiten und vier halbmondförmigen Schalllöchern, welche die erste Figur zwischen den Knieen hält, und eine vierseitige elliptische Armgeige, welche die achte sitzende gekrönte Figur in der gewöhnlichen Weise spielt. In der Notre-Dame-Kirche zu Paris (nach Mitte des 12. Jahrhunderts) befindet sich eine Statue, die eine mit vier Saiten bezogene zierlich ausgeschnittene Geige hält; man nimmt das 11. Jahrhundert für die Zeit des Ursprunges der Statue an. Im Innern der Abtei St. Germain des Près in Paris, wahrscheinlich aus dem 12. Jahrhundert, ist ein bärtiger Mann aus Stein gehauen mit einer fünfsaitigen grossen Geige in der Linken, welche er mit dem Bogen in der Rechten streicht. Der Körper der Geige ist lang gezogen, elliptisch, nicht ausgeschnitten, mit zwei länglichen etwas nach innen zu gekrümmten Schalllöchern über dem Stege versehen. An dem alten Portal der Abtei St. Denis, das im 12. Jahrhundert erbaut wurde, zeigen sich drei Figuren mit Geigen von drei und fünf Saiten. Das Portal der Notre-Dame-Kirche zu Chartres, deren Gründung ebenfalls in die Mitte des 12. Jahrhunderts fällt, zeigt unter seinen Sculpturen eine dreisaitige Geige. Auf Glasmalereien und Vignetten von Pariser Handschriften aus dem 13. Jahrhundert erscheint unser besagtes Bogeninstrument schon mehr der heutigen Geigenform angenähert; immer noch deuten die halbmondförmigen einander zugekehrten die F-Löcher vertretenden Schalllöcher auf den orientalischen Ursprung, jedoch lässt sich aus der sanften Einbiegung in der Mitte der Zargen eine Annäherung an die heutige Geigenform constatiren; der Bogen ist immer noch dem, den wir zuerst in Notker's Psalmenbuche finden, gleich: nämlich der gleichnamigen Waffe.

In der rechten Nische des gothischen Portales der Kapelle St. Julien des Ménétriers, ehemals in der rue St. Martin (Paris), befand sich eine Statue, welche auf einer Geige spielte, die schon F-förmige Schalllöcher besitzt. Der Bogen ist gerade. Die Kapelle gehörte einem Hospitale an, das 1330 gestiftet wurde. Die Figur wurde anfangs für den Minstrel Collinus Musetus, später aber für den Patron der Minstrels, für den heil. Geuest, gehalten. Aus den Wandgemälden des Andrea Orcagna im Campo Santo zu Pisa (1370—1392) finden wir auf dem Bilde il trionfo della morte auf der linken Seite desselben eine Gesellschaft in einem Pomeranzenhain sich mit Lieblingsthieren unterhaltend. Von diesen Personen spielen zwei, die eine auf einer Cither, die andere auf einer sechssaitigen Geige, von der allerdings nur die Rückseite sichtbar ist; dieselbe ist mit Ornamenten versehen. Die Form dieses Bogeninstrumentes, wie wir dieselbe vielfach aus den Abbildungen des 13. und

14. Jahrhunderts erschen, nähert sich der Form unserer heutigen Geige; es ist diejenige einer Guitarre (Fig. 3), während die Streichinstrumente der vorigen Jahrhunderte meistens die Mandolinenform bewahrten.

Im Dome zu Schwerin in Mecklenburg (nach 1375 erbaut) befindet sich auf einer bronzenen Grabplatte mit vertieften Umrissen ein auf dem Rebek musicirender Engel. Zu Paris auf der Bibliothek in einem Manuscripte aus dem 14. Jahrhundert befindet sich eine Zeichnung; dieselbe stellt eine zu Pferde sitzende Dame vor, welche eine dreisaitige Geige spielt. Das Profil zeigt, dass dieses Instrument sogar die Schnecke (Kopf) unserer heutigen Geige besass. De Laborde (Jesuitenpater) zeigt in seinem Werke: Essai sur la musique. T. I, Seite 287 ein Tavelo vom Jahre 1300, welches einem Manuscripte der Pariser Bibliothek entnommen ist. Eine Anzahl Damen und ein Herr unterhalten sich mit Musik. Eine Dame spielt die Ribebe (Rebek). In der Burg Carlstein in Böhmen, deren Ursprungszeit die Mitte des 15. Jahrhunderts ist, giebt es Abbildungen von Bogeninstrumenten, die fast ganz die Form der heutigen Geige haben.

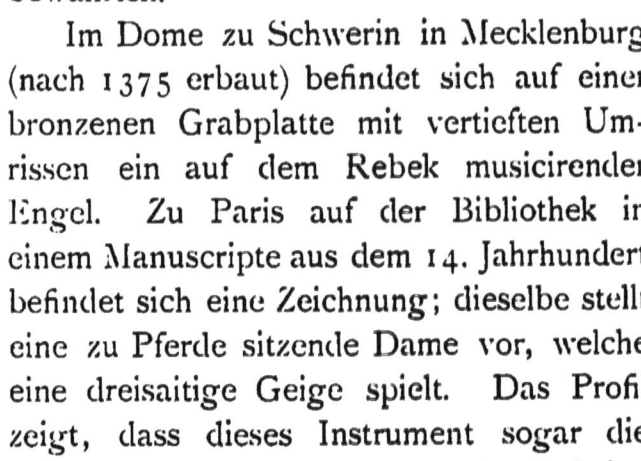

Fig. 3. Dreisaitige Geige des Mittelalters.

Den Schriftstellen, die bei Gelegenheit der Etymologie des Wortes „Viola" gegeben wurden, reihen wir an dieser Stelle noch eine aus dem deutschen Nationalepos dem Nibelungenliede und eine aus der Braunschweiger Stadtchronik (Chronicum picturatum brunsuicense) an, die, wenn auch nicht von der

Weiterentwickelung des Bogeninstrumentes, so doch von dem Bestehen desselben Kunde geben.

Dem Nibelungenliede, dessen Abschluss ins 13. Jahrhundert fällt, entnehmen wir folgende Strophen:

> Sich kêrte gein dem schalle Gunther der künec hêr:
> hört ir die doene, Hagene, die dort Volkêr
> mit den Hiunen viedelet, swer gegen der tür gât?
> ez ist ein rôther anstrich den er zum videlbogen hât.
> Mich rivet âne mâze, — sprach dô Hagene —
> daz ich vor Volkêre in gesaz dem degene
> ich was sîe sîe geselle unt ouch er der mîn,
> unt kom wir immer, daz sule wir noch mit triwen sin.
> Neschowe, künec Gunther, Volker ist dir holt:
> er dienet willelîche die silber unt die golt.
> sîn videlbogen im snîdet durch den harten stâl:
> er brichet uf den helmen die lichte schînenden mâl.
> Man gesach nie videlaere so hêrlichen stân,
> alsô der degen Volkêr hinte hat gestân:
> die sinen leyche hellent durch helm unt durch den rant:
> jâ sol er rîten guotin ros unt tragen herlich gewant.

In der Braunschweiger Stadt-Chronik vom Jahre 1203 findet sich folgender Passus:

„In dissem Jare geschah ein Wunderteken by Stendal in dem Dorpe geheten Ossemer, dar sat der Parner des Mitwerkens in den Pinxte und veddelte synen Buren to dem Danse, da quam en Donreschlach, und schloch dem Parner synen Arm aff mit dem Veddelbogen unde XXIV Lüde tod up dem Tyn".

Ausser diesen Schriftstellen als Quellen für die Existenz eines Bogeninstrumentes liegen uns noch

Berichte vor, wie von dem Dominicanermönch Hieronymus von Mähren aus dem 13. Jahrhundert; derselbe nennt das Rebek ein tiefes Instrument bezogen mit zwei Saiten, deren Stimmung [♪] ist [1]).

Der Autor einer anonymen Abhandlung über Musikinstrumente (wahrscheinlich aus dem 13. Jahrhundert) nennt einen gewissen Albinus als Erfinder der viersaitigen Viola, deren Stimmung er mit A d g c_1 angiebt. Wer Albinus war, wird nicht bemerkt [2]).

Soweit die ältesten Nachrichten über die Geige.

Wenn diese Nachrichten sowohl der zeichnenden und sonstigen bildenden Künste als auch der Schriftwerke nichts weiter sind als Documente für den Bestand eines Bogeninstrumentes, das sich aus dem Rebab oder Rebek der Araber herausgebildet hatte bis zu einem unserer heutigen Geige ähnlichen Instrumente, so erhalten wir nun mit dem 16. und 17. Jahrhundert eingehendere Notizen und Besprechungen über Bogeninstrumente.

---

[1]) XVIIIme Chapitre de la compilation de divers traités de musique. Das Manuscript befindet sich auf der Bibliothek in Paris.

[2]) De diversis monochordis, tetrachordis, pentachordis, exachordis, eptachordis, octochordis etc. ex quibus diversa formantur instrumenta musicae, cum figuris instrumentorum. Dieses Manuscript befindet sich in der Bibliothek der Universität Gent unter Nr. 171.

III.
Entwickelung der Bogeninstrumente und speciell der Viola alta bis auf unsere Zeit.

Mit dem Anfange des 16. Jahrhunderts berichtet uns Sebastian Virdung in seiner „musica getutscht" (Basel 1511) von „Gross-Geigen, Trumscheit und Klein-Geigen". Martin Agricola notirt in seiner „musica instrumentalis", die in Wittenberg 1528 zum ersten Male und 1542 zum zweiten Male erschien, drei Arten von Bogeninstrumenten, die im Bau gleichartig, in Ton, Umfang, Saitenzahl und Stimmung jedoch verschieden von einander waren.

1. Grosse Geigen:
    Discant: F a d g c,
    Tenor. Alt: C F a d g,
    Bassus: G C F d g.
2. Kleine Geigen:
    Discant: G c f a,
    Alt. Tenor: C F a d,
    Bassus: G C F a.
3. Andere Art von kleinen Geigen:
    Discant: G d a,
    Alt. Tenor: C G d,
    Bassus: F C G.

Ein anderes Werk, das über Geigeninstrumente berichtet, ist das des Giov. M. Lafranco: „Scintille di musica" etc. (Brescia 1533). In diesem Werke erscheint uns zum ersten Male der Ausdruck „violino", welcher dann später bei Michael Praetorius in seinem „Syntagma musicum", Band II, 1619 in stärkerer Präcisirung erscheint. Es heisst daselbst: „Viola de braccio: Item Violino da brazza; wird sonsten eine Geige, vom gemeinen Volk ein fiddel und daher de braccio genennet, dass sie uff dem Arm gehalten wird. Derohalben Bass-Tenor- und Discantgeig (welche Violino, oder Violetta picciola, auch Rebechino genannt wird, seynd mit vier Säitten; die gar kleinen Geiglein aber mit drey Säitten bezogen (uff französisch pochetto genennet) und demnach dieselben jedermänniglich bekandt, ist davon (ausser diesem, dass wenn sie mit Messings- und stälenen Säitten bezogen werden, einen stillen und fast lieblichen Resonantz mehr als die anderen von sich geben) etwas mehr anzudeuten und zu schreiben unnöthig." Wir sehen jedoch in dieser Ausdrucksweise des Prätorius keine scharfe Auseinanderhaltung der Viola de braccio und des violino da brazza. Beide Namen erscheinen uns für ein und dasselbe Instrument gebräuchlich. In Bezug hierauf sei eine Stelle aus J. W. v. Wasielewski's Buche: „Die Violine im 17. Jahrhundert" (Seite 18) angeführt, die uns Aufklärung über die Undeutlichkeit des Prätorius an dieser Stelle geben kann: „Bemerkt muss werden, dass durchaus nicht überall in Gabrieli's Compositionen, wo die Bezeichnung „Violino" steht, unsere heutige Violine gemeint. ist, wie man wohl auf den ersten Blick glauben könnte. Sie findet sich bei Stimmen, die sowohl im C- und G-Schlüssel, wie auch im Alt-Schlüssel verzeichnet sind. Für den letzteren wurde unzweifelhaft die Bratsche (Viola de braccio) gebraucht, wie einzelne vorgeschriebene Töne, die nur auf der C-Saite der Bratsche gegriffen werden können, deutlich beweisen. Offenbar hat in solchen Fällen der Componist bei dem Worte „violino" den Zusatz „da braccio" weggelassen, was begreiflich erscheint, wenn man sich vergegenwärtigt, dass man in jener Zeit unter dem Ausdrucke „violino" vielfach nicht blos diese, sondern auch die Bratsche (viola de braccio) verstand; umgekehrt findet sich mitunter auch wieder für die Violine die Bezeichnung Viola, wie z. B. der Titel eines Violinwerkes Carlo Farina's vom Jahre 1627 zeigt. Es ist klar, dass man in jener Zeit die Ausdrücke Viola und Violine noch nicht so genau unterschied, wie wir es thun. Welchem von beiden Instrumenten es indessen galt, darüber gab der vorgezeichnete Schlüssel Auskunft". Anschliessend an die Eintheilung der Geigeninstrumente Agricola's nach Maassgabe der menschlichen Stimmen, wie vorhin angedeutet wurde, befindet sich eine wichtige und grundlegende Stelle im vorhin angeführten Buche des Hyacinth Abele. Es heisst daselbst, „dass man damals nicht allein verschiedene Geigenarten nach der Maassgabe ihres äusseren Umfanges unterschied, sondern dass man aus jeder derselben gewissermaassen eine Familie zu machen gewohnt war, die man in ihrer Gliederung, dem Umfange und dem Charakter der menschlichen Stimme nachbildete. Diese Uebung hatte ihren Ursprung in der wachsenden Vervollkommnung des mehrstimmigen Tonsatzes, der seit dem 14. Jahrhundert kunstgemäss geübt wurde. Im 16. Jahrhundert trat die Musik im weitesten Sinne auf bei kirchlichen Festen und Feierlichkeiten und zwar nach der Regel in reinem Gesange an Fürstenhöfen auch wohl mit Begleitung von Instrumenten, die jedoch im Laufe dieses Jahrhunderts keine dem Gesange selbständig und eigenthümlich gegenübergestellte war. Bei Gesängen weniger Stimmen begnügte man sich damit, einer jeden von diesen ein besonderes Instrument beizugeben; wirkten volle Chöre als gegliederte Tonmassen gegen einander, wie zumal gegen Ende dieses Zeitraums geschah, so wurden gleichartige Instrumente eines den Chorstimmen entsprechenden Umfanges jedem einzelnen dieser Chöre gesellt, um ihn durch die eigenthümliche Klangfarbe vor den anderen auszuzeichnen. Die Instrumentalmusik war damals nur der Nachhall des Gesanges, wiewohl man fast alle Instrumente schon besass, deren die Gegenwart auf so mannigfache Art sich zu bedienen weiss".

In diesem Passus ist angedeutet worden, dass aus dem Schoose der Vocalmusik unsere heutige absolute Instrumentalmusik hervorgegangen ist, indem man den Singstimmen zur Verstärkung und wohl auch zur sicheren Intonation Instrumente beigab, welche im *unisono* begleiteten, wie wir es z. B. noch in einigen Chören der Händelschen Oratorien wahrnehmen können. „Sodann aber wurden auch Vocalwerke ausschliesslich von Instrumenten, die in diesem Falle als blosses Surrogat für die Singstimmen erscheinen, zur Darstellung gebracht; wodurch den Spielern Gelegenheit zu mannigfacher Uebung im Vortrag edler und erhabener Kunstwerke gegeben war. In Betreff des erwähnten Gebrauchs, durch welchen für die selbständige höhere Instrumentalmusik, so zu sagen, ein vorbereitendes Studium gegeben war, haben wir sichere Kunde von der ersten Hälfte des 16. Jahrhunderts ab. Nicht selten findet sich in gedruckten Vocalwerken der damaligen Tonmeister die Bemerkung, „dass sie auch für Instrumente zu brauchen seien". (Schon 1539 erschien in Venedig eine Sammlung Canzonen von A. Gardane und anderen Tonsetzern, deren Titel die ausdrückliche Bemerkung: „buone da cantare et sonare" enthält.) Verfolgen wir nun an der Hand des Buches von Wasielewski: „Die Violine im 17. Jahrhundert", dem die vorhergehende Stelle entnommen ist, weiter, wie insbesondere unsere heutigen Bogeninstrumente zu der Bedeutung gelangten, die ihnen beigelegt wird.

Die hohe Bedeutung erlangten die Bogeninstrumente unzweifelhaft durch die kleine Viola (Violine), die ihrer äusseren Gestalt und Form nach, wie sie dieselbe noch heute besitzt, mit dem Anfange des 16. Jahrhunderts bekannt ist. In ihr hatte man einen Resonanzkörper gefunden, dessen einzelne Theile sich in Verhältnissen zu einander befanden, durch deren Eigenschaften jene Tonfülle, jene Intensität und jene Tragkraft des Tones hervortraten, wie sie keinem Bogeninstrumente vor ihr und bis jetzt nach ihr anhafteten. Dass die Violine dem Sopran beigegeben wurde, ist mit Entschiedenheit nachzuweisen aus dem 1587 zu Venedig erschienenen „Concerto di Andr. et di Giov. Gabrieli organisti della Sereniss. sig. di Venetia continenti di Chiesa Madrigali e altro, per voci e instrumenti musicali". Und mit Recht bemerkt Wasielewski auf Seite 4 seines Buches: „In der That eignete sie (die Violine) sich dafür durch lang gehaltene schöne Tongebung und sopranartigen edlen Klang wie kein anderes Instrument. Wir sehen sie daher weiterhin auch von den Tonsetzern mit besonderer Bevorzugung benutzt als Führerin der Instrumentalmusik thätig". Die glänzenden Eigenschaften der Violine (der Soprangeige) erklären es leicht, dass sich Musiker fanden, die das Spiel auf ihr erweiterten durch Fortschritte in der technischen Behandlung. „Schon zu Anfang des 17. Jahrhunderts", bemerkt Wasielewski Seite 50, „erscheint sie (die Violine) neben den Zinken (cornetti) als Führerin der Streichinstrumente in den Gabrielischen Instrumentalsätzen, welche wohl die Bestimmung hatten, während der Messfeierlichkeiten im Offertorium aufgeführt zu werden. Solche Instrumentalsätze, welche zuerst als „Canzone" oder einfach als „Suonata" bezeichnet wurden, erhielten um oder gegen die Mitte des 17. Jahrhunderts den Namen „Sonata da Chiesa". Später als die „Sonata da Chiesa" erschien die Sonata di Camera und die Partita, für die in Frankreich der Ausdruck Suite geläufig wurde. Durch diese Instrumentalcompositionen wurde der Grund gelegt zu den Instrumentalformen, wie sie noch heute in unserer Kammermusik und

Concertmusik bestehen: zu der Violinsonate, Streichtrio, Streichquartett und Sinfonie. Wir sehen nun im Verlaufe des 17. Jahrhunderts die Componisten in ihren Musikwerken mehr und mehr ein befriedigendes Ensemble der musikalischen Ausdrucksmittel anstreben. Wasielewski sagt auf Seite 60: „Während man bisher für die mehrstimmige Instrumentalcomposition häufig neben Saiten- auch Blasinstrumente benutzte und sogar mitunter die Wahl zwischen beiden, namentlich in der Besetzung der Oberstimme völlig freistellte, tritt von nun ab hauptsächlich die Familie der Streichinstrumente in den Vordergrund, womit man ein gleichmässig übereinstimmendes Colorit des Klangkörpers gewonnen hatte. Die Cornetti (Zinken) verschwinden und an ihre Stelle tritt ausschliesslich die Violine, welche dadurch eine noch allgemeinere, hingebendere Berücksichtigung finden musste. Zugleich begann mit dieser Normirung in Anwendung der Tonwerkzeuge eine künstlerisch methodische Durchbildung des Streichtrios und des Streichquartettes, jenes einheitlichen Organismus, der später als Hauptkern und Grundpfeiler des Orchesters dessen Fundamentalkraft bildet". Eine Persönlichkeit, die zur Klärung und Erweiterung der musikalischen Kunstform der „Sonate", die im Laufe des 17. Jahrhunderts sich entwickelnd die Instrumentalcanzone verdrängte, in Betreff der Bogeninstrumente ausserordentlich viel beitrug, war Arcangelo Corelli (1653—1713). Er hat nicht nur das Verdienst, die formale Gestaltung des entstandenen Kunstproductes der Violin-Sonate erweitert zu haben, indem er die Vierzahl der Sätze derselben feststellte und sich bemühte durch einheitliches Colorit, welches durch die Wahl der Darstellungsmittel gewonnen wurde, einem höheren Kunstziele als seine Vorläufer entgegenzustreben, sondern er hat auch das Verdienst, das ideale Moment der Sonate, den geistigen Gehalt derselben, vor allem Anderen ins Auge gefasst zu haben.

Aber erst mit Joseph Haydn beginnt die wirkliche Autorisirung der Sonate als Kunstform. Haydn war aber beeinflusst, wie wir wissen, durch Philipp Emanuel Bach's Sonaten für Kenner und Liebhaber, von dem er selbst gesteht „das Meiste gelernt zu haben, was er wisse" (Griesinger, „Biograph. Notizen über Haydn", Seite 103), und Philipp Emanuel Bach ist derjenige Deutsche, der die Instrumentalform der italienischen Meister, wie sie vorzugsweise durch Corelli und D. Scarlatti gegeben war, förderte und so den bekannten grossen Einfluss ausübte, der sich (allerdings nur in formaler Beziehung) in seiner ganzen Grösse bei seinen Nachfolgern Haydn, Mozart und Beethoven geltend machte.

Ph. Em. Bach und Haydn nannten nun ihre grösseren auf der Sonatenform begründeten Instrumentalcompositionen, in denen sie alle ihnen zu Gebote stehenden Tonwerkzeuge benutzten, Symphonien. Thun wir nun nach der Seite der Gruppirung und Zusammenwirkung der Darstellungsmittel einen Blick auf die Symphonien, wie sie uns zuerst durch Haydn, dann durch Mozart und später durch Beethoven in der grossartigsten Weise entgegentreten, so finden wir den äusseren Apparat einer Symphonie

zusammengesetzt aus Hauptgruppen von Tonwerkzeugen. Es sind dies:
1. Die Gruppe der Bogeninstrumente.
2. Die Gruppe der Holzblasinstrumente.
3. Die Gruppe der Blechblasinstrumente.
4. Die Gruppe der krustischen Instrumente.

Betrachten wir jede einzelne Instrumentengruppe, mit Ausnahme der Gruppe der krustischen Instrumente[1]), für sich, so unterscheiden sich die einzelnen Instrumente innerhalb derselben wiederum in ihrem Tonumfange von einander. Bei jeder Instrumentengruppe bildet die Eintheilung in vier Stimmen den Hauptgrundzug, wie uns dies in dem heutigen Streichquartett, das aus Violine, Viola alta, Violoncello und Contrabass besteht, erscheint. Unsere kleine Viola oder Violine haben wir bei Darlegung der Entwickelung der Bogeninstrumente als Soprangeige kennen gelernt. Sie führt auch noch jetzt, gleichwie der Sopran den übrigen menschlichen Stimmen praevalirt, die Bogeninstrumente an. Die Stimmung ihrer vier Saiten ist: $g\ d_1\ a_1\ e_2$. Der Soprangeige ist als Bassinstrument unsere Bassgeige (Contrabasso oder Violono) gegenübergestellt. Sie bildet den Bass, das Fundament der Streichinstrumentengruppe. Der Name Contra-Basso[2]) muss in Beziehung auf die Töne

---

[1]) Die meisten der krustischen Instrumentengruppe angehörigen Instrumente, die grösstentheils Schlaginstrumente sind, sind ohne bestimmte Tonhöhe.

[2]) Herr Welcker von Gontershausen giebt Seite 105 seines oben citirten Buches folgende Erklärung über Bassgeige, die als

der Contra-Octave gelten, die dem Contrabasse vom Contra-E an innewohnen. Die Stimmung seiner Saiten ist: c E, c A, D, G.

Der Bassgeige folgt nach oben hin die Tenorgeige oder das Violoncello. Dieses Instrument vertritt die Tenor- oder auch die Baritonstimme bei den Bogeninstrumenten des Orchesters. Nicht selten verstärkt es auch die Töne der Bassgeige in einer höheren Octave. Bernhard Romberg erhob das Violoncello zu einem Instrumente von gleicher Bedeutung wie die Violine. Romberg wurde der Regenerator des Violoncellospieles. Er war hierfür dasselbe, was Corelli für die Entwickelung des Violinspieles war. Die Stimmung der Saiten des Violoncellos ist: C, G, d, a. Das vierte Mitglied unserer heutigen Bogeninstrumente ist die Viola alta (Violetta, Alto, Viola di braccio, auf Deutsch Bratsche genannt). Wir sind mit ihr bis zur Beweisführung unserer ersten These gekommen. Es ist nachgewiesen, dass die Gruppe der Bogeninstrumente sich im Anschluss an den Chorgesang herausbildete und sich gleichwie die menschliche Stimmengruppe (Sopran, Alt, Tenor und Bass) in Sopran-, Alt-, Tenor- und Bassinstrumente theilte. Wir haben ferner erkannt, wie die Violine der Ober-

---

eine sehr äusserliche erscheint: „Contraviolon oder Bassgeige. Das Wort violon ist spanisch und stammt von violon; der Name Contra mag daher entstanden sein, weil der jetzt aus vier Darmsaiten bestehende Bezug dem der Violine entgegengesetzte Benennung hat. Die Saiten der Violine heissen bekanntlich von der Tiefe zur Höhe g d a e, die der Bassgeige e a d g".

stimme des Gesanges (dem Sopran) beigegeben wurde und allmählich den Zinken verdrängte, mit dem sie eine Zeit lang die Herrschaft theilte. Die Violine wurde der Sopran der Bogeninstrumente. Als Bass der Bogeninstrumente ist uns der Contrabass oder Violono entgegengetreten und als Tenor dieser Instrumentengruppe bestimmte sich uns das Violoncello. Vergleichen wir jetzt die Tonlagen der Bogeninstrumente Violine, Violoncello und Contrabasso mit derjenigen der Viola alta, deren Saiten in $c\ g\ d_1\ a_1$ stimmen, so erscheint uns dieses Instrument als Vermittlerin zwischen Violine und Violoncello und in Anbetracht ihres Tonumfanges als Vertreterin der Altstimme im Verein der Bogeninstrumente.

IV.
Ueber die Unzulänglichkeit der bisherigen Viola alta.

Ist somit nun der Viola alta ihre Stellung und ihre Bestimmung gegeben, so soll jetzt zum Nachweis der Unzulänglichkeit der heutigen Altgeige geschritten werden. Die zweite These lautet folgendermaassen:

Unsere bisherige Viola alta erfüllt ihren Zweck als Altgeige nur unvollkommen, weil dieselbe missgestaltet, d. h. nicht nach den für sie geltenden akustischen Principien gebaut ist.

Wir wollen die Beweisführung für die zweite These liefern:

a) Durch äussere Zeugnisse, d. h. solche, die ausserhalb des Instrumentes liegen.

b) Durch innere Zeugnisse, d. h. solche, die im Instrument selbst liegen.

Die aufgestellte These wird Zweiflern sogleich einleuchten, wenn sie den Tönen der meisten unserer bisherigen Altgeigen zuhören. Sollen diese lichtscheuen, dumpfen, nasalen und spröden Töne wirklich die wahren Töne der Altgeige sein? Nimmermehr! Ist nicht das leitende Princip bei Ausbildung der menschlichen Stimme Klangschönheit und Wohlklang? Und warum sollte dasselbe nicht auch beim Baue eines Musikinstrumentes, z. B. beim Baue einer **Geige**, Geltung haben?

Die möglichste Annäherung der Geigenklangfarbe an die der menschlichen Stimme soll unseres Erachtens beim Bau eines Geigeninstrumentes erstrebt werden; hat doch die vox humana diejenigen Eigenschaften aufzuweisen, die wir Klangschönheit und Wohlklang nennen. Es ist daher zu verwundern, wenn Musiker und einige Musikschriftsteller einen näselnden Klang von der Viola alta hören wollen und gerade in diesem Näseln ein Charakteristicum für die Viola alta sehen. Schnyder von Wartensee spricht dies geradezu von der Viola aus in einer Geburtstagshymne an den Kapellmeister Guhr in Frankfurt a./M. 1830:

„Man nennt mich Frau Base,
Denn etwas sprech' ich durch die Nase,
Doch ehrlich mein' ich es und treu.
Altmodisch bin ich, meine Sitte
Ist stets zu bleiben in der Mitte
Und nie mach' ich ein gross' Geschrei."

Auf Seite 95 seines Buches: „Ueber den Bau der Saiteninstrumente und deren Akustik" sagt Welcker von Gontershausen: „Ihr Ton (der Viola alta) hat einen sanften Ernst, dem ein eigenthümliches Näseln einen ungewöhnlichen Reiz verleiht". Seite 57 desselben Buches ist zu lesen: „Der Ton unserer Altviola ist im Vergleich mit dem Tone der Violine schwach und abweichend in der Klangfarbe. Durch eine Erhöhung der Zargen liesse sich zwar die Tonstärke leicht vermehren, aber dadurch ginge gerade der sanfte, mit einem gemüthlichen Näseln verbundene, speciell kennzeichnende Toncharakter dieses Instrumentes verloren, welcher einen Hauptvorzug für unser Orchester bildet".

Dergleichen Aussprüche sind nicht zu begreifen. Wir hassen das Näseln im Sprachton und erst recht im Gesange, im Violinklang wird es ebenfalls verabscheut; warum muss nun gerade die Viola alta die Trägerin dieser Eigenschaft sein? Alles geht beim Bau eines Musikinstrumentes auf Klangschönheit aus, allein in der Behauptung des Herrn Welcker von Gontershausen findet man ein entgegengesetztes Princip. Warum verlangt man nicht auch von der menschlichen Altstimme einen nasalen Klang? Einfach darum nicht, weil das Näseln nicht zum Sympathischen des Altklangcharakters passt, und aus eben diesem Grunde ist es auch an der Viola alta unstatthaft und unpassend. Wir dürfen uns daher nicht verwundern, wenn die Altgeige keine Literatur aufzuweisen hat wie z. B. die Violine, und annehmen, dass gerade die Sprödigkeit des Klanges der bisherigen Altgeige die Ursache ist, weshalb sie so wenig bedeutende Vertreter unter den Musikern findet. Selten wird man finden, dass Musiker mit solcher Hingebung an diesem Instrumente hangen und dasselbe in der Weise pflegen, wie es der Violine zu Theil wird. Selten widmeten Musiker der Altgeige ihr ganzes Leben, stets wurde sie als ein nebenbeigehendes Instrument angesehen, das auf Eigenartigkeit keinen Anspruch hatte. Thatsache ist es, dass schon früher Musiker einsahen, es könne die gewohnte Altgeige doch nicht die wahre sein; jedoch ein Versuch, die aufgedeckten Uebelstände derselben zu beseitigen, war ihnen bisher nicht beigefallen. So z. B. bei Hector Berlioz. Es möge aus dessen „Grand traité d'instrumentation et d'orchestration modernes" (Paris, Schonenberger) die ganze Stelle folgen, die von der Altgeige handelt, weil in ihr auf's Entschiedenste die Klage über die heutige Altgeige geführt wird:

„De tous les instruments de l'orchestre, celui dont les excellentes qualités ont été le plus longtemps méconnues, c'est l'Alto. Il est aussi agile que le Violon, le son de ses cordes graves a un mordent particulier, ses notes aigues brillent par leur accent tristement passioné, et son timbre en général, d'une mélancolie profonde, diffère de celui des autres instruments à archet. Il a été longtemps inoccupé cependant, ou appliqué à l'emploi obscur autant, qu'inutile, le plus souvent, de doubler à l'octave supérieure la partie de Basso. Il y a plusieurs causes à l'injuste servage de ce noble instrument. D'abord la plupart de Maîtres du siècle dernier, dessinant rarement quatre parties réelles, ne savaient qu'en faire; et quand ils ne trouvaient pas tout de suite à lui donner quelques notes de remplissage dans les accords, ils se hâtaient d'écrire le fatal col Basso, avec tant inattention quelquefois, qu'il en resultait un redoublement à l'octave des Basses, inconciliable, soit avec l'harmonie, soit avec la mélodie, soit avec toutes les deux ensemble. Ensuite il était malheureusement impossible d'écrire alors pour les Altos des choses saillaintes éxigeant un talent ordinaire d'exécution. Les Joueurs de Viole (ancien nom de l'Alto) étaient toujours pris dans les rebuts des Violinistes. Quand un musicien se trouvait incapable de remplir convenablement une place de Violon, il se mettait à l'Alto. D'ou il résultait que les Violinistes ne savaient jouer ni du Violon, ni de la Viole. Je dois même avouer que le notre temps, ce préjugé contre la partie d'Alto n'est pas entièrement détruit, et qu'il y a encore, dans les meilleurs orchestres, des Joueurs d'Alto qui ne possèdent pas mieux l'art de l'Alto que celui du Violon. Mais on sent de jour en jour davantage l'inconvénient qui résulte de cette tolérance à leur régard, et peu à peu l'Alto comme les autres instruments ne sera plus confié qu'à des mains habiles. Son timbre captive tellement l'attention qu'il n'est pas nécessaire d'eu avoir dans les orchestres un nombre tout à fait égal è celui des seconds violons, et les qualités expressives de ce timbre sont si saillantes que, dans les très rares occasions où les anciens compositeurs le mirent en évidence, il n'a jamais manqué de répondre à leur attente. On sait l'impression profonde qu'il produit toujours dans le morceau d'Iphigénie en Tauride, où Oreste abymé de fatigue, haletant, dévoré de remords, s'assoupit en répétant: Le calme rentre dans mon coeur! pendant que l'orchestre, sourdement agité, fait entendre des sanglots, des plaintes convulsives, dominés incessament par l'affreux et obstiné grondement des Altos. Bien que, dans cette inqualifiable inspiration, il n'y ait pas une note de la voix ni des instruments dont l'intention ne soit sublime, il faut pourtant reconnaître que la fascination exercée par elle sur les auditeurs, que la sensation d'horreur qui fait les yeux de quelques-uns s'ouvrir plus grands en s'emplissant de larmes, sont dues principalement à la partie d'Alto, au timbre de sa 3ème corde, à son rhythme syncopé et à l'étrange effet d'unisson résultant de sa syncope du La brusquement coupée par le milieu par un autre La des basses marquant un rhythme différent. Dans l'Ouverture d'Iphigénie en Aulide, Gluck a su les employer encore à tenir seuls la partie grave de l'harmonie, non pour produire cette fois un effet résultant de la spécialité de leur timbre, mais pour accompagner aussi doucement que possible le chant des premiers Violons et rendre plus terrible l'attaque des Basses rentrant au forté après un assez grand nombre de pauses. Sacchini a fait aussi jouer la partie grave aux altos seuls dans l'air d'Oedipe: „Votre cour devient mon azyle" sans se proposer pour but, toute fois, de préparer une explosion. Au contraire cette instrumentation donne ici à la phrase de chant qu'elle accompagne une fraîcheur et un calme délicieux. Les chants des Altos sur les cordes hautes font merveille dans les scènes d'un caractère réligieux et antique. Spontini, le premier eut l'idée de leur confier la mélodie en quelques endroits, de ses admirables prières de la Vestale. Méhul, seduit par la sympathie qui existe entre le son des Altos et le caractère rêveur de la poësie Ossianique, voulut s'en servir constamment et à l'exclusion entière des Violons, dans son opéra d'Uthal. Il en résultat, disent les critiques du temps, une insupportable monotonie qui nuisit au succès de l'ouvrage. Ce fut à ce sujet que Grétry s'écria: Je donnerai un louis pour entendre une chanterelle!

Ce timbre, si précieux quand il est bien employé et habilement mis en opposition avec les timbres des violons et des autres instruments, doit effectivement lasser très vite; il est trop peu varié et trop empreint de tristesse pour qu'il en puisse être autrement. On divise souvent aujourd'hui les altos en premiers et en seconds; dans les orchestres comme celui de l'opéra, où ils sont en nombre à peu près suffisant, il n'y a pas d'inconvénient à écrire ainsi, dans tous les autres où l'on compte à peine quatre ou cinq altos, cette division ne peut que nuire beaucoup à une groupe instrumentale déjà si faible en lui méme et quelle autres groupes tendent sans cesse à écraser.

Il faut dire encore que la plupart des Altos dont on se sert aujourd'hui dans nos orchestres français [1] n'ont pas la dimension voulue; ils n'ont ni la grandeur, ni conséquemment la force de son des véritables Violes, ce sont presque des Violons montés avec des cordes d'Altos. Les directeurs de musique devraient proscrire absolument l'usage de ces instruments bâtards [2],

---

[1] Es ist dies nicht allein in französischen Orchestern der Fall.
Anmerkung des Verfassers.

[2] Siehe des ausgezeichneten Violoncellisten Moritz Hanemann's „Leben und Schriften eines preussischen Kammermusikers". Berlin 1875. Seite 127. Die Viola. Eine Parabel.
Anmerkung des Verfassers.

dont le peu de sonorité decolore une des parties les plus intéressantes de l'orchestre en lui otant beaucoup d'énergie, surtout dans les sons graves.

Quand les Violoncelles chantent, il est quelque fois excellent de les doubler à l'unisson par les Altos. Le son des Violoncelles acquiert alors beaucoup de rondeur et de pureté sans cesser d'être prédominant. Exemple: Le Thème d'Adagio de la Symphonie en Ut mineur de Beethoven."

Berlioz, der in diesem Passus die Viola alta ein „edles Instrument" nennt, beklagt ihre geringe Klangkraft besonders in den tieferen Tönen mit vollem Rechte.

Hören wir einer unserer bisherigen Altgeigen zu. Ihr Klang ist spröde und gewissermaassen gedrückt und gleich der Stimme eines engbrüstigen Wesens; er ist nicht frei und bei den meisten Altgeigen dazu noch nasal und auf den beiden tieferen Saiten sogar röchelnd.

Man wird einsehen, dass diese Eigenschaften nicht der Altgeige angehören sollen und dass man es nur der Indifferenz der Spieler dieses Instrumentes für dasselbe zuschreiben muss, wenn sich dasselbe noch heutzutage in so jämmerlichem Zustande befindet.

Zum Schlusse dieses Kapitels sei noch die Ansicht des Akustikers F. Zamminer über die Viola aus seinem Werke: „Die Musik und die musikalischen Instrumente in ihrer Beziehung zu den Gesetzen der Akustik" angeführt: „Bei ihr (der Viola) sind die Mensuren, offenbar des Fingersatzes wegen, bedeutend verkürzt, und die Tiefe ist, da auch die Spannungen nahezu dieselben sind, wie bei der Violine, fast allein durch das grössere Gewicht der Saiten herausgebracht. Ob hierin der Grund des weniger hellen und glänzenden Tones der Viola, oder ob er in den mangelhaften Resonanzverhältnissen gelegen ist, bedarf noch näherer Untersuchung". Auf Seite 41 desselben Buches sagt Zamminer: „Es ist nicht unwahrscheinlich, dass man auch dem Resonanz-Apparat der Viola durch eine nicht allzubedeutende Erhöhung des Kastens eine bessere Resonanz und grössere Tonfülle geben könnte. Allein man wird dagegen eifern und behaupten, dass in dem schwachen und näselnden Tone der Bratschen, in dieser eigenthümlichen Klangfarbe gerade ihr Hauptvorzug für das Orchester bestehe".

Wir müssen die Ansicht, dass der Viola alta ein näselnder Klang anhaften solle, aus bekannten Gründen durchaus zurückweisen; und glaubt man, allein durch eine Erhöhung des Resonanzkastens eine bessere Resonanz und grössere Tonfülle zu erzeugen, so steht auch dieser Ansicht die Erfahrung, indem sie das Gegentheil beweist, entgegen.

V.

Leitende Principien zur Herstellung der richtigen und wahren Viola alta.

Es tritt nun die Frage an uns heran:

Warum klingen unsere Altgeigen so spröde, nasal und dumpf? Berlioz findet den Grund für die schlechten Eigenschaften der Altgeigen in den verfehlten Dimensionen der einzelnen Theile des Instrumentes, Zamminer redet geradezu von mangelhaften Resonanzverhältnissen der Viola und empfiehlt diesen Gegenstand näherer Untersuchung. Berlioz drückt sich sehr allgemein aus, indem er sagt, die heutigen Altgeigen hätten nicht die Grösse wirklicher Altgeigen; uns soll aber die Weiterentwickelung dieses Gedankens, der schon in seiner Allgemeinheit einleuchtend genug ist, die Beweise, die im Instrumente selber liegen, für die zweite These liefern.

In der Violine (der Soprangeige) ist es gelungen ein Instrument herzustellen, das alle bisher dagewesenen Streichinstrumente an Klangschönheit, Tonintensität und Tragkraft des Tones übertraf. Es ergeben sich diese Eigenschaften einzig und allein aus dem der Violine eigenartigen Resonanzkörper. Wenn wir nun den Resonanzkörper der Violine als den mustergültigen für ein Bogeninstrument hinstellen müssen wegen der aus seinen Verhältnissen resultirenden ausgezeichneten Eigenschaften, so ist es wohl einleuchtend und naheliegend, dass, da wir von der Viola alta dieselben Eigenschaften wie Klangschönheit, Intensität und Tragkraft des Tones verlangen, wir für dieselbe den Resonanzkörper in den ihrer Tonlage entsprechenden Verhältnissen herstellen müssen.

Es fragt sich jetzt: wie gross muss der Resonanzkörper der Viola alta im Verhältnisse zur Violine sein? oder mit anderen Worten: wie gross muss das Instrument werden, welches in den Verhältnissen einer Violine gebaut werden soll, jedoch fünf Tonstufen (eine grosse Quinte) tiefer steht als diese?

Die Beantwortung dieser Frage werden wir erhalten durch das Gesetz, welchem die Schwingungsverhältnisse ungleicher Luftmassen von ähnlicher Form unterliegen, da die Form des Resonanzkörpers der Viola alta dieselbe sein soll, wie die der Violine.

Die Schwingungszahlen verhalten sich nun umgekehrt wie zwei entsprechende Dimensionen. Ferner ist das Tonverhältniss der Viola alta zur Violine wie das der Unterdominante zur Tonica oder dem Grundton. Nun verhalten sich die Schwingungszahlen des Grundtons und der Unterdominante wie $1 : 2/3$. Nehmen wir nun die Länge eines Violinresonanzkörpers, wie sie uns im Durchschnitt an den Instrumenten der Meister Amati, Stradivari und Guarnerius erscheint, zu 13 par." an, so ergiebt sich für den Resonanzkörper der Viola alta die Länge von 19" 6''' par., oder nach der Länge des Resonanzkörpers einer Violine von 12" würde derjenige einer Viola alta 18" par. haben müssen.

Beweis:

Grundton-Volumen	Unterdominante-Volumen	Unterdominante-Schwingungszahl	Grundton-Schwingungszahl
1	X	= 2/3 n	: n

Resultat : X = 3/2.

Auf dieses Grundprincip für die Construction einer Viola alta kann jede Theorie des Violinbaues angewandt werden, da die Viola alta nichts Anderes ist, als eine Geige in tieferer Tonlage.

Der Verfasser wandte speciell für seine Viola alta auf das aus dem Verhältnisse der Resonanzkörper von Violine und Viola alta resultirende Grundprincip 1 : 3/2 die Regeln für den Geigenbau von Antonio Bagatella an. Besagte Regeln erschienen 1786 in Padua als Preisschrift auf drei Bogen in Quart-Format mit zwei Kupfertafeln. Wir geben das Hauptsächlichste und Wesentlichste dieser Schrift als Anhang unseres Werkes in der Uebersetzung von J. O. Schaum, die 1806 in Leipzig bei A. Kühnel erschien. Die Beweisführung für den zweiten Theil der zweiten These wäre hiermit theoretisch geliefert. Wir sind somit an den Schluss der Abhandlung selbst gelangt. Es ist jetzt unsere Aufgabe, zu sehen, ob diese Theorie mit der Praxis im Einklange steht. Erst wenn dieses der Fall ist, können wir **unsere Aufgabe** für gelöst halten und erst dann ist der Zweck dieser Schrift auch in praktischer Hinsicht erreicht.

Nachtrag.

Zwischen dem Niederschreiben der vorhergehenden Zeilen und den gegenwärtigen liegt die Zeit der Anfertigung einer Viola alta nach der Aufstellung des Verfassers dieser Schrift. Diese Altgeige wurde genau auf Grundlage des hier aufgestellten Principes nach des Verfassers eigener Anordnung und Zeichnung und unter seiner Leitung von dem Geigenbauer Karl Adam Hörlein (Schüler des berühmten Vauchel) in Würzburg im Jahre 1875 gebaut.

Nachdem wir auf wissenschaftlichem Wege die wahre und eigentliche Altgeige gefunden haben und eingestehen müssen, dass sie allen Anforderungen, die man in Beziehung auf Klangfarbe und Tragkraft des Tones an sie stellt, gerecht wird, tritt nun an uns nur noch die Frage heran: Ist nun diese neugeborene Altgeige für den Spieler bequem zu handhaben?

Da wir das Instrument vor uns haben, brauchen wir wohl nicht mehr lange zu theoretisiren. Der Verfasser, der selber Violaspieler ist, kann es thatsächlich beweisen, und der Erfolg, den dieses Instrument bei seinem Erscheinen in Würzburg und auf den

Concertreisen des Verfassers in der Schweiz, in Deutschland und Holland bis jetzt fand, spricht ebenfalls dafür, dass der bisherigen technischen Behandlung der Viola alta durch die Herstellung ihres richtigen Baues kein Abbruch geschehen ist. Man braucht nur die Seiltänzereien, die ein falsches Virtuosenthum in die Tonkunst brachte, auf meiner Viola alta nicht zu verlangen und man wird das Instrument spielen können. Ohnehin stehen solche musikalisch nichtssagende Tändeleien und Burlesken, wie sie allenfalls für die kleine Viola oder die Violine sich noch schicken, in schneidigem Contraste zum Charakter der Viola alta. Freilich sei bemerkt, dass man nicht ohne Weiteres von der Violine zu der jetzigen Viola alta übergehen kann; sie verlangt ein ebenso eingehendes Studium wie die Violine und wie das Violoncello und kann das Spiel auf ihr nicht mehr nur so im Vorbeigehen erlernt werden, wie es bei der bisherigen Altgeige der Fall zu sein pflegte. Kurz: die Viola alta ist jetzt ein Instrument geworden, welches in seiner Eigenartigkeit selbständig dasteht und deshalb auch ein eigenes Studium verlangt, welches der Verfasser dieser Schrift in seinem Werke „Das Studium der Viola alta" behandelt hat.

Fig. 4.
Die Ritter'sche Viola alta nach der Theorie des Antonio Bagatella.
(5/9 der Originalgrösse.)

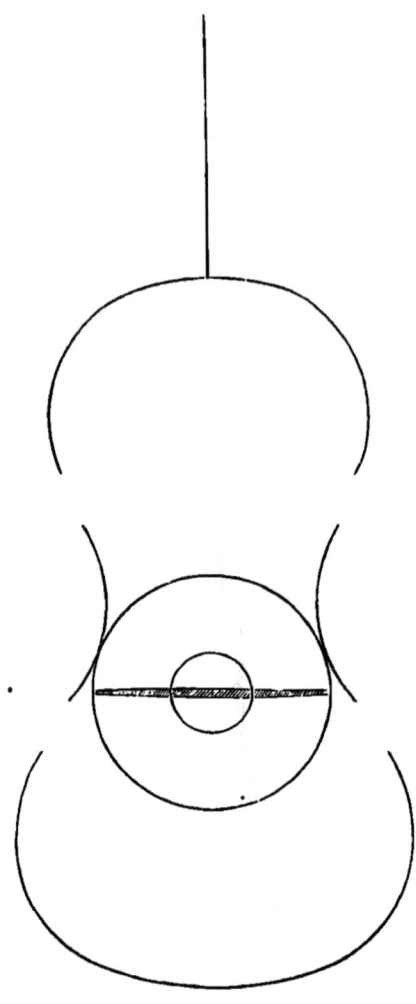

Fig. 5.

Grundriss der Ritter'schen Viola alta nach der Theorie des Antonio Bagatella.

[5.5 der Originalgrösse.]

ANHANG.

Geometrische Regeln für den Geigenbau.

Von

Antonio Bagatella.

Padua 1786.

Gegenwärtiges Werkchen ist die Uebersetzung einer im Jahr 1782 von der Akademie der Künste und Wissenschaften zu Padua gekrönten Preisschrift, und welche ebendaselbst im J. 1786 auf 3 Bogen in 4. mit 2 Kupfertafeln im Druck erschienen ist. Der Verfasser derselben, Antonio Bagatella, sagt in der Einleitung, dass er sich die Regeln, welche er in seiner Schrift aufstellt, aus eigener Erfahrung abstrahiret habe, und er selbst sowohl als auch die Herren von der Akademie versichern, dass diese Regeln an verschiedenen Geigen, theils neu von ihm verfertigten, theils alten, die er nach seinen Grundsätzen reparirt habe, sehr bewährt befunden worden wären, worüber die Zeugnisse der Besitzer dieser Geigen selbst angeführt worden sind.

Ich glaube daher keine unnütze Arbeit unternommen zu haben, wenn ich den deutschen Instrumentenmachern dieses Werk in unserer Muttersprache mittheile, besonders, da meines Wissens kein Werk vorhanden ist, welches ihnen über ihre Kunst so deutliche und hinreichende Lehren an die Hand gäbe, als eben dieses.

Forkel führt in seiner Allgemeinen Literat. der Musik S. 261 über den Bau der Violinen, Violen und Violoncelle ausser diesem Werke des Bagatella nur noch zwei an, welche aber, sowohl nach dem Titel, als auch nach dem dort angegebenen Inhalte zu urtheilen, keinesweges von irgend einem Belang sind. Ausser diesem sind mir nur noch 2 Abhandlungen, die hierin einschlagen, vorgekommen, nemlich:

Bemerkungen über die zweckmässige Einrichtung der Wirbel an der Violine etc. in der Leipz. Allgem. Musik-Zeitung III, 781.

und

Ueber den mechanischen Bau der Violine von Schubert. Ebendaselbst. V, 769.

Allein auch die erste von diesen beiden Abhandlungen betrifft nur einen Neben-Umstand bei dem Violinen-Bau, und die letzte derselben enthält zu wenig, als dass ein Violinen-Macher daraus Aufschlüsse über seine Kunst erhielte. Der Verf. versprach zwar S. 775 ein eigenes Schriftchen über die

Theorie der Violine, worin er die Mittel angeben wollte, wodurch jeder Musiker sein Instrument, mit Beihülfe eines Instrumentenmachers oder Violinenreparateurs von seinen Fehlern befreien, und in den bestmöglichsten Zustand versetzen könne. Ich kann aber nicht sagen, ob der Verf. sein Versprechen schon erfüllt hat oder nicht. Indessen glaube ich immer nicht, dass meine Arbeit umsonst sein sollte, und gehe nun zu der Uebersetzung über.

Nachdem der Verfasser, wie schon oben gesagt, in der Einleitung weitläufig erzählt hat, wie er zu diesen Erfahrungen durch eine 30jährige Uebung gelangt sei (woran für den deutschen Leser nichts verloren ist, weshalb ich sie auch übergehe), so setzt er für den Bau des Corpus der Violinen, Bratschen und Bassgeigen, nach dem Verhältniss ihrer Grösse, folgende Regeln, als sicher und unumstösslich, fest.

Man ziehe eine Linie, so lang als man das Instrument haben will, und diese theile man in 72 gleiche Theile. Diess ist der Grund zum ganzen Werke. Daher muss diese Eintheilung sehr genau und sorgfältig gemacht werden, indem hiervon alles abhängt. Durch diesen Diameter der ganzen Geige ziehe man horizontal 7 andre Linien (Taf. I Fig. 1), aber mit eben der Genauigkeit und Sorgfalt. Die erste dieser Linien muss durch den Punkt 14 gehen, die zweite durch den Punkt 20, die dritte durch den Punkt 25, die vierte durch den Punkt 33, die fünfte durch den Punkt 43, die sechste durch den Punkt 48, und die siebente durch den Punkt 57. Hierauf setze man den Zirkel in den Punkt X. und beschreibe mit

der Oeffnung von 9 Theilen aus dem genannten
Mittelpunkte X zwei kleine Bogen A und B; alsdann
macht man den Punkt 24 zum Centrum, öffnet den
Zirkel bis zum Punkt X und beschreibt aus dem letzt-
gewählten Centrum den Bogen $A\ X\ B$, dann trägt
man aus dem Punkt 14 auf die hierdurchgehende
Horizontal-Linie 2 Theile $C\ C$ auf, nimmt diese zu
Mittelpunkten an, aus welchen man mit der Oeffnung
des Zirkels auf der einen Seite bis A, und auf der
andern bis B, die beiden Bogen $A\ D$ und $B\ D$
macht, welche bis auf die durch den Punkt 20 gehende
Horizontal-Linie reichen. So hat man den obern
Theil des Instruments.

Ist dieses geschehen, so trägt man auf die durch
den Punkt 33 laufende Horizontal-Linie die beiden
Punkte $E\ E$, welche von dem Punkt 33 zehn und
$\frac{1}{2}$ Theil entfernt sein müssen, und aus diesen beiden
Punkten $E\ E$ wieder in einer Weite von 15 Theilen
zwei andre $F\ F$; welche alsdann die Mittelpunkte zu
den zwei Halbzirkeln $H\ E\ G$ werden, um auf diese
Art den Aufriss zu dem mittleren Theile des Instruments zu erhalten.

Endlich beschreibt man aus dem letzten Punkt
72 mit einer Zirkel-Oeffnung von 9 Theilen die beiden
kleinen Bogen $I\ K$. Alsdann trägt man auf die den
Punkt 57 durchschneidende Horizontal-Linie aus dem
Punkte 57 selbst drei Theile nach $L\ L$ und aus
diesem ebenfalls noch drei Theile nach $M\ M$, bestimmt
diese beiden letztern zu Mittelpunkten, und macht mit
der Entfernung, auf der einen Seite von $M\ K$, und
auf der andern von $M\ I$ die Bogen $N\ K$ und $N\ I$;

hierauf macht man den Punkt *L* zum Centrum, eröffnet den Zirkel bis *N* und beschreibt mit dieser Oeffnung auf jeder Seite den Bogen *N O*. Endlich setzt man den Zirkel in den Punkt 40, macht ihn auf bis zum Punkt 72, und zieht den Bogen *K Y I*. Alsdann ist der ganze Umriss vollendet; und diese Figur, auf ein Bret von hinlänglicher Dicke aufgezeichnet, giebt das Modell zum Instrumente ab.

Ein jeder weiss, dass an dem obern Theile, an welchem der Hals befestigt ist, ein Klotz angebracht wird, so wie ein anderer da, wo die Saiten befestigt werden, und noch viere dergleichen an den Seiten, wo die Spitzen befindlich sind, welche die Gestalt eines *C* bilden. Der obere Klotz muss 10 Theile breit und 4 dick sein; der untere aber kann eben so dick, aber nur 8 Theile breit sein. Von eben der Dicke und Breite als dieser untere müssen auch die vier übrigen sein, welche zwischen den Horizontal-Linien 20 bis 25, und 43 bis 48 angebracht werden.

Auf diese letztern vier Klötze werden mit gutem Leim die Zargen befestigt, von welchen es jetzo Zeit ist zu reden. Die Höhe derselben muss an dem untern Theile, wo die Saiten befestigt werden, $6^1/_4$ Theile, und nur 6 Theile an dem obern betragen, wo der Hals eingezapft wird. Sie müssen also von unten nach oben zu unmerklich abnehmen: dieses unmerkliche Abnehmen aber muss über das Ganze so regelmässig vertheilt sein, dass Boden und Decke genau befestigt werden können. So wie die Höhe der Zargen bei Violinen und Bratschen von $6^1/_4$ zu 6

Theilen abnehmen muss, so muss die Höhe derselben bei den Violoncells und Violons von 12 zu 11¼ Theilen nach und nach abnehmen.

Ist man mit dieser Arbeit fertig, so mache man den Aufriss zu der Decke und dem Boden. Die Dicke der Bretter, welche hierzu dienen sollen, muss 4 Theile sein; doch bemerke man, dass man zu der Decke ein etwas stärkeres wähle, weil, da diese von zarterem Holze sein muss, sie im Arbeiten etwas weniges nachgiebt, und sich herunter zieht. Hat man solche zwei Bretter zubereitet, so nehme man ein anderes Bretchen (Taf. I Fig. 3) ungefähr zwei Finger breit, etwas dicker als ein Lineal, und so lang als der Aufriss, den man sich zum Instrument entworfen hat. Dieses theile man in zwei gleiche Theile, und bemerke die Mitte mit dem Punkt *B*, welcher von der Kante des Bretes 3 Theile absteht; verdreifache alsdann den Diameter des Instruments, woraus 216 Theile entstehen, öffne den Zirkel in diesem Zwischenraum, und beschreibe mit dieser Zirkel-Oeffnung auf die Länge des Bretes den Bogen *A B C*, so dass er durch den oben schon bemerkten Punkt *B* gehe. Hierauf schneide man das Bretchen nach der Bogen-Linie *A B C* aus, so hat man das Profil, um danach die äussere Erhabenheit der Decke und des Bodens auszuarbeiten, so wie sie zur Genauigkeit und zum Widerstande des auf sie wirkenden Druckes hinreichend ist.

Jetzt kommen wir zur Stellung der beiden **s**, wobei man folgendes zu beobachten hat. Ihre Länge muss 15 Theile haben und ihr Quer-Einschnitt auf ihre obere Hälfte fallen, und zwar auf die durch den Punkt 40 des Diameters gezogene Perpendicular-Linie. Die Entfernung des einen Einschnittes bis zum andern muss 15 Theile betragen, und die Breite eines jeden Einschnittes selbst 1 1/2 Theil. Nach oben zu fangen sie an in dem 32 1/2. Grad. Das Centrum der runden Löcher fällt von oben herab auf den 34. Grad, der Radius dieser Löcher sei 1 Theil, und die Entfernung ihrer beiden Mittelpunkte 8 Theile. Nach unten zu kann das Centrum der runden Löcher, deren Radius 2 Theile haben muss, auf den Grad des Punktes 45 1/2 treffen, ihre Entfernung beträgt 22 Theile; und fällt das Centrum auf den Grad des Punktes 47, so ende das ganze S doch auf den Grad des Punktes 47 1/2.

Was den Hals betrifft, so merke man, dass das Maass seiner Länge nicht mehr und nicht weniger als 27 Theile haben muss, und dass man seinen Anfang von dem Punkte an rechnet, wo unten die Kapsel aufhört, in welcher die Wirbel stecken, an denen die Saiten befestigt werden. Hier, glaube ich, wird der schicklichste Ort sein, um die Art und Weise anzugeben, wie man den Hals anbringen soll, sowohl in Absicht seiner Richtung, als auch seiner Lage, so dass er sich weder nach vorwärts, noch nach rückwärts zu hinbeugt, und eine gehörige Höhe zur Tastatur bekommt. Man verfertige sich eine Richtwage aus Metall, von Grösse und Gestalt, wie sie in Taf. II Fig. 1 abgebildet, in Fig. 2 daselbst aber so vorgestellt ist, als wenn man sie von ihrer untern Fläche, und in Fig. 3, als wenn man sie von ihrer obern Fläche ansieht. In Fig. 4 erblickt man die

Gestalt und Länge der Schraube *a g*; des Hakens, und zwar von der Seite *F*, und von vorne *S*. Diese Figuren dienen zur Richtschnur, um genanntes Instrument danach zu verfertigen, und mehr darüber zu sagen bedarf es für geschickte Mechaniker nicht. Die Höhe dieser Richtwage in der Stellung wie sie in Taf. II Fig. 1 u. 2 unter *O L* und *o l* angezeigt ist, muss zum Gebrauch bei Violinen und Bratschen 5 Grad sein, zum Gebrauch bei Violoncells aber 9 Grad, und bei Contra-Bässen 11 Grad. Man muss sich daher für ein jedes dieser Instrumente eine verschiedene Richtwage, mit der für jegliches Instrument angegebenen Höhe der Platte *O L, o l* machen lassen. Diese Platte, welche auf dem Klotz festliegen muss, muss in der Mitte, sowohl oben als unten, einen Einschnitt haben, wie bei *p* in den Figuren Taf. II 1, 2, 3, und diese Mitte muss auf die Mitte des Klotzes treffen, so dass die eine genau auf der andern passt. Hierauf schraubt man sie mit der Schraube *a g* zusammen, damit sie fest steht. Der Hals wird mit einer geraden Linie bezeichnet, welche die Breite desselben in zwei Theile theilt, und diese Linie muss man, vermittelst eines Lineals, genau in den Einschnitt *p* der Richtwage zu bringen suchen. Bei diesem allen muss man die sorgfältigste Genauigkeit anwenden, weil auch nur die kleinste Nachlässigkeit einen merklichen Unterschied nach sich zieht.

Aber der wichtigste Theil des Instruments ist unstreitig der Ton, der von nichts anderm, als von den Schwingungen abhängt. Alle Versuche, die ich darüber angestellt habe, um auf das Holz verschiedene

Figuren zu vertheilen und aufzudrücken, haben mich belehrt, dass keine von grösserem Nutzen ist, als die zirkelförmige, welche auch überdem noch die schnellste und leichteste in der Ausführung ist. Man nehme daher den Punkt 42 zum Mittelpunkt, und aus diesem beschreibe man drei Zirkel, den ersten mit einem Radius von 4, den andern von 8, den dritten von 12 Theilen. Hierauf ziehe man den Radius perpendicular auf den Diameter vom Mittelpunkte 42, bis er den äussersten Zirkel berührt, und von diesem Punkt trage man auf den Umkreis des äussersten Zirkels nach a $1/4$ Theil, so wie auch nach b; auf den Umkreis des innersten kleinsten Zirkels trage man ebenfalls aus dem Punkt, wo der Radius den Umkreis durchschneidet, nach c und d $1/2$ Theil; aus diesen Punkten ziehe man nun die Linien $a\,c$ und $b\,d$, welche alsdann mit ihrem allmählichen Zusammenlaufen das Profil abgeben werden, nach welchem die Dicke desjenigen Theiles des Bodens ausgearbeitet werden muss, welcher zwischen dem grössten, durch die Punkte 30 und 54 gehenden Zirkel liegt. Das Uebrige des Bodens muss bis an die Zargen durchaus gleich sein, und zwar so stark als der zwischen a und b befindliche halbe Theil. Ist der Boden in der Nähe der Zargen auch allenfalls etwas dünner noch, als die Entfernung zwischen $a\,b$ beträgt, oder wenigstens nur nicht ganz so dick, so wird die Wirkung davon besser sein, als wenn er in dieser Gegend eben so stark bleibt, oder gar dicker ist.

Auf diese Art hat man einen der menschlichen Stimme ähnlichen Ton; soll er silberartig werden, so verfahre man auf folgende Art: Hat man den Boden auf die vorgeschriebene Art verfertigt, so arbeite man nun die Decke nach folgenden Regeln aus. Man mache den Punkt 40, welcher gerade in die Mitte zwischen den Einschnitten der beiden **s** fallen wird, zum Mittelpunkt, und beschreibe mit einem Zwischenraum von 3 Theilen einen Zirkel, dessen Diameter alsdann 6 Theile haben wird. Alles Holz zwischen diesem Zirkel nehme man bis auf $2/3$ eines Theiles weg, und von dem Umkreis dieses Zirkels bis zum Einschnitt der beiden **s** verdünne man das Holz stufenweise, indem man hinaufsteigend so viel Zirkel zieht, dass die Dicke des Holzes, bis an die Stelle der beiden **s**, $1/2$ Theil austrage, und welche Dicke alsdann bis an die Zargen fort bleiben kann. Hierdurch wird der Ton silbern werden und sich auf allen vier Saiten gleich bleiben. Dieses Maass eines halben Theiles für die bestimmten Gegenden findet allein für Violinen und Bratschen statt, bei den anderen Instrumenten, als Violoncells und Contra-Bässen, muss zwar die Dicke in dem Zirkel dieselbe sein, aber von dem äussersten Zirkel bis zu den Zargen hin muss die Dicke unmerklich abnehmen, und zwar bis auf $1/4$ eines Theiles. Man sehe hierüber nach: Taf. II Fig. 6, welche einen nach dem grössten Diameter des Instruments gemachten Durchschnitt des Bodens vorstellt, zugleich mit der nach den angegebenen Regeln abnehmenden Dicke; Fig. 7, welche den Durchschnitt des Bodens nach der Breite des Instruments, nach der grössten Dicke, abbildet, mit der in den Regeln bestimmten Abnahme. Man sieht auf dieser Figur auch noch die Grösse der Klötze, sowohl in den vier Winkeln, als auch oben, wo der Hals angesetzt, und unten, wo der Knopf zu dem Saitenhalter befestigt wird. Fig. 8 stellt endlich noch die Beugung der Decke und auch ihre Dicke vor.

Jetzt liegt mir noch ob, die andere Art des Umrisses zu geben, wie ich es oben versprach, und die ich durch die Erfahrung eben so schätzbar in Absicht des Gebrauchs, als auch der Wirkung gefunden habe. Die Verfahrungs-Art ist, bis auf wenige Punkte, dieselbe. Man ziehe nemlich nur die erste Horizontal-Linie (Taf. I Fig. 2) durch den Punkt 15, die übrigen aber, wie oben, durch die angegebenen Punkte. Auf diese durch den Punkt 15 gehende Horizontal-Linie *D D* trage man aus dem Mittelpunkte die Punkte *C C* in der Entfernung eines Theiles, und ziehe aus diesen Punkten mit der Zirkel-Oeffnung *C A* und *C B* die Bogen *A D* und *B D*. Die beiden Punkte *A B* werden nach den schon oben angegebenen Regeln bestimmt. Hierauf nimmt man den Punkt 13 zum Centrum, öffnet den Zirkel bis *D* und beschreibt die beiden Bogen *D E*. Auf die Horizontal-Linie, welche durch den Punkt 33 geht, bezeichne man eben so, wie bei der ersten Angabe aus dem Punkt 33 gesagt worden ist, die beiden Punkte *G G*, in einer Entfernung von 10½ Theil, und aus diesen die beiden Punkte *H H*, in einer Entfernung von 13 Theilen, und beschreibe mit dieser Zirkel-Oeffnung die zwei Bogen *F I*. Alsdann mache man aus dem Punkt 72, mit einer Eröffnung des Zirkels von 16½ Theil, die kleinen Bogen *L K*; setze den Zirkel in den

Punkt 40, eröffne ihn bis 72 und ziehe den Bogen
$L N K$. Endlich trage man auf die Horizontal-Linie,
welche durch den Punkt 57 geht, aus diesem Mittelpunkte
nach jeder Seite hin 6 Theile auf bis $M M$,
und aus diesen beiden beschreibe man mit der Zirkel-Oeffnung
$M L$ und $M K$ die beiden Bogen $L N$
und $K N$.

Hat man den Aufriss auf diese Art genau aufgezeichnet,
so muss die erste Horizontal-Linie $D D$ 33;
die zweite $E E$ 30; die dritte $F F$ 27; die vierte
$G G$ 21; die fünfte $I I$ 30; die sechste $N N$ 36; und
die siebente 42 Theile haben. Der Mittelpunkt der
grössten Dicke muss daher eben so, wie bei der ersten
Angabe, auf den Punkt 42 fallen.

— — —

Bemerkungen
über den Gebrauch vorstehender Regeln.

Vor allen Dingen bemerke der Künstler, dass er bei der
Bestimmung und Ausarbeitung der Dicke selbst sehr behutsam zu
Werke gehen und den Zirkel mit der äussersten Vorsicht anlegen
muss, indem sogar die blosse Stellung der Hand, wenn er nicht
sehr aufmerksam darauf ist, ihn ausserordentlich täuschen kann.

In der Gegend der tiefsten Saite muss, wie jedermann weiss,
der sogenannte Balken angebracht werden. Er muss von dem
obersten Loche des S etwas über $1/4$ der angenommenen 72 Theile
entfernt liegen, und sich in gerader Linie hin erstrecken, so dass
er von dem obersten Ende des Instrumentes nicht weiter absteht
als von dem untersten; die Mitte desselben muss gerade auf den

Einschnitt der beiden § fallen, wo der Steg steht. Er sei nicht zu stark, und seine Länge betrage 36 Theile. Man bringe ihn ferner so an, dass er nach oben zu hinauf treibe, damit er die Decke in die Höhe halte, und diese nicht dem Drucke der Saiten nachgebe.

Die Gegen-Zargen tragen zum Tone nichts bei und dienen zu nichts anderem, als um die Decke und den Boden festzuhalten; sie müssen daher an die Zargen sehr genau und fest angeleimt werden. Die Decke muss man nur mit leichtem Leim anleimen, damit man sie, ohne befürchten zu müssen, dass man sie zerbreche, oder dass Stücke an den Zargen sitzen bleiben, bequem abnehmen kann.

Hat man nunmehr das Instrument zugemacht, so ist alsdann noch übrig, die sogenannte Stimme durch das auf der rechten Seite befindliche § Loch einzusetzen. Ihr Standpunkt muss innerhalb des ersten Zirkels auf den Boden und nicht über den rechten Fuss des Steges hinaus stehen. Auf die Stellung derselben kommt ausserordentlich viel an und es gehört schon eine sehr grosse Uebung dazu, um den rechten Fleck dafür zu treffen. Eben so ist es auch mit dem Stege, sowohl was seinen Bau, als auch was seine Stellung betrifft; denn ein wenig mehr vor oder zurück gestellt, verändert den Ton des Instruments so, dass ein sonst gutes Instrument beinahe ein schlechtes zu sein scheinen kann. Die Stimme muss besonders völlig senkrecht und nicht zu strenge stehen.

Auch bei der Wahl des Holzes muss man viel Vorsicht anwenden. Das älteste ist freilich immer das beste, indessen ist es allenfalls schon genug, wenn es auch nur drei Jahre vorher geschnitten, und an einem trockenen Orte aufbewahrt gelegen hat, wo es keine Feuchtigkeiten anziehen konnte. Das Holz zum Boden muss nicht allzuhart, und besonders ohne Aeste und Knoten sein. Der Theil des Holzes nach der Rinde zu, und was der Gewalt der Sonne ausgesetzt war, ist das beste, wenn es nur nicht allzuhart ist. Es muss aber im Gegentheil auch wieder nicht zu weich sein, weil sonst das Instrument davon einen dumpfen oder dünnen Ton bekommt. Auch hüte man sich vor verlegenem und wurmstichigem Holze.

Man sehe auch ferner darauf, dass das Holz sowohl zum Boden als auch zur Decke von Einem Baume sei; denn der Verf. will die Bemerkung gemacht haben, dass, wenn besonders der Boden aus zwei verschiedenen Stücken, wenn auch von derselben Holz-Art, war, die Instrumente eben nicht vorzüglich ausgefallen seien. Ueberhaupt muss man besonders vorsichtig bei dem Holze zum Boden sein, weil von dem Boden grösstentheils die Güte des Instrumentes abhängt. Die besten Meister haben sich zum Boden, zu den Zargen und zum Halse des Azarolen-Baumes und zu der Decke des Tannenbaumes bedient. Bei diesem letzteren aber sehe man darauf, dass es nicht von der Rinde, sondern aus dem Kerne sei, und vorzüglich, dass es nicht zu weich sei, denn dieses taugt nichts. Auch hüte man sich vor solchem, welches zwar sehr fein ist, aber doch zwischen den Fibern zu weiches Holz hat, denn auch dieses taugt gar nichts. Endlich sehe man auch darauf, dass es von allenthalben gleichem Widerstande und von hellem Tone sei, und, jenachdem es von dieser oder jener Art ist, mittelmässig consistent.

Diess sind also die Regeln, welche der Verfasser in seinem Buche angiebt und von welchen er sagt, dass er zwar keine überzeugende Theorie davon zu geben im Stande sei, dennoch aber eine unausbleiblich gute Folge versprechen könne.

Druck von J. J. Weber in Leipzig.